Le petit livre de l'Humour NOIR

François Jouffa et Frédéric Pouhier

FIRST Editions

ISBN : 978-2-7540-4298-7
Dépôt légal : octobre 2013
Imprimé en Italie

Correction : Anne-Lise Martin
Dessin de couverture : Gabs
Mise en page et couverture : Olivier Frenot

Éditions First, un département d'Édi8
12, avenue d'Italie
75013 Paris
Tél. 01 44 16 09 00
Fax 01 44 16 09 01
E-mail : firstinfo@efirst.com
Site internet : www.editionsfirst.fr

Avant-propos

« Noir c'est noir, il n'y a plus d'espoir.
Oui, gris c'est gris. Et c'est fini. »

JOHNNY HALLYDAY

Attention ! Ce livre est fortement déconseillé aux âmes sensibles, aux pudibonds, aux intégristes, aux pisse-froid et à tous ceux qui prennent tout au premier degré car le fondement même de l'humour noir est de savoir rire de ce qui est grave, rire de la mort, se gondoler avec la maladie, se taper une barre avec les guerres, se dilater la rate avec nos plus grandes peurs.

En pleine crise économique et politique, en cette période où le moral des Français n'a jamais été aussi bas, ce petit livre d'humour – aussi noir, concentré et énervant qu'un expresso – est fait pour vous réveiller et vous redonner le sourire.

Terminons cette courte introduction avec cette citation de Pierre Doris, un des maîtres de l'humour noir, comédien et auteur malheureusement tombé dans l'oubli :

« Les morts ont de la chance : ils ne voient leur famille qu'une fois par an, à la Toussaint. »

Mon conseil, adopter la cynique attitude : tous ensemble, faisons un bras d'honneur à la grande faucheuse et rions parce que c'est grave !

F. P.

– Maman, maman !
Je peux prendre du chocolat ?
– Bien sûr, prends-le,
il est en haut du placard.
– Mais je ne peux pas,
je n'ai pas de bras !
– Ah, pas de bras,
pas de chocolat…

C'est l'histoire d'une petite fille, aveugle de naissance. Un jour ses parents lui disent :

– Ma puce, nous avons enfin trouvé le remède miracle. C'est une pommade que tu t'appliques sur les yeux avant de dormir et, dès le lendemain matin, tu verras le monde.

La petite se lève le matin en pleurs. Elle est toujours aveugle. Alors ses parents lui disent en chœur :

– Poisson d'avril !

Qu'est-ce qu'un rassemblement d'aveugles ?

Un festival de cannes.

Un petit garçon demande à son père :

– Papa, t'en penses quoi de l'avortement ?

– Eh bien, lui répond son père, demande à ta sœur.

– Mais, papa, j'en ai pas…

– Justement, petit, justement.

Quel est le biscuit préféré des prêtres ?

Le Petit Écolier !

Quel a été le dernier repas de Lady Di ?

Une tarte aux mûres.

Épitaphe

Je possède enfin
une langue morte.

Épitaphe

Mon horoscope avait raison,
mon cancérologue aussi.

Celui qui le construit n'en a pas besoin.

Celui qui l'achète ne l'utilise pas.

Celui qui l'utilise ne s'en rend pas compte.

Que suis-je ?

Réponse : un cercueil

Une personne âgée se rend chez son médecin et lui demande :

– Docteur, je n'ai pas retenu ce que vous m'avez dit hier. C'était capricorne ou verseau ?

– Cancer, madame, cancer.

Quel bout de corde lance-t-on à un homme politique s'il se noie ?

Les deux.

Épitaphe

Je vous l'avais bien dit
que j'étais malade !

***

Épitaphe

À ma belle-mère :
si elle monte au paradis…
il n'y aura bientôt
plus que deux enfers.

Épitaphe

Je demande un deuxième
avis médical.

***

Épitaphe

Un pêcheur à la ligne :

Maintenant, je fais
mes asticots moi-même.

ɔmme se meurt
.it. Ses enfants
t et commencent
ɜ l'enterrement.
Ils hésitent entre un enterrement de première, deuxième ou troisième classe.

Au début de la discussion, comme ils aiment leur père, ils sont unanimes pour un enterrement de première classe, mais au fur et à mesure de la discussion, les porte-monnaie parlent et on en arrive finalement à un enterrement de troisième classe, dans la fosse commune.

Le mourant se redresse et se met à hurler :

– Bande de cons ! Si vous voulez, je peux aussi y aller à pied !!!

ne mourante harcèle
:
:éviens, quand je serai morte, je t'interdis de te remarier. Si tu le fais, je creuserai la terre avec mes dents et viendrai hanter tes nuits !

Quelques jours plus tard, la femme décède. Son mari s'arrange pour l'enterrer sur le ventre plutôt que sur le dos. Alors il s'agenouille près de la tombe et dit :

– Allez, creuse maintenant, creuse !

Quelle est la différence entre un accident et une catastrophe ?

L'accident, c'est quand la belle-mère tombe du 6e étage !

La catastrophe, c'est quand elle se relève.

Deux prêtres discutent
sous la douche :
– T’as pas un peu grossi, toi ?
– M’en parle pas, je ne rentre
plus dans du 12 ans…

Épitaphe

À mon mari, mort après
un an de mariage.
Sa femme reconnaissante

Comment appelle-t-on une femme qui sait ce que fait son mari tous les soirs ?

Une veuve.

Une vieille dame demande à sa petite-fille :

– Marion, dis-moi, ma petite-fille, comment s'appelle cet Allemand qui me rend complètement folle ?

– Alzheimer, mémé, Alzheimer…

– Docteur, docteur !
Est-ce que mon opération
s'est bien passée ?
– Désolé, moi, je suis
saint Pierre.

Comment un Anglais sait-il que sa femme est morte ?

Sa vie sexuelle ne change pas, mais les assiettes s'empilent dans l'évier.

Quelques jours après les obsèques, une veuve de milliardaire vient d'apprendre chez le notaire que, dans son testament, son époux a laissé une petite fortune à sa secrétaire, une blonde extrêmement sexy d'à peine 25 ans.

Folle de rage, la veuve file directement chez le marbrier :

– Je veux changer l'inscription sur la tombe de mon mari !

– C'est impossible de changer le texte que l'on a gravé, madame, mais on peut toujours rajouter un peu de texte en dessous, car il reste de la place.
– Très bien. Dans ce cas, en dessous de « REPOSE EN PAIX », vous inscrirez : « JUSQU'À CE QUE JE TE RETROUVE ! »

Épitaphe

Ici repose
ma femme bien-aimée.
Seigneur, reçois-la
avec la même joie
que je te l'envoie.

Lors du tournage de l'émission *Rendez-vous en terre inconnue,* une star demande à un autochtone :

– Aimez-vous les enfants ?

– Oui, bien sûr, répond l'homme, s'ils sont correctement cuisinés.

Quelques minutes avant de procéder à la crémation, l'employé des pompes funèbres vient s'asseoir à côté de la veuve en pleurs et lui demande :

– Quel âge avait votre mari ?

– Il avait 91 ans, répond la femme d'une voix faible, un an de plus que moi…

– Vraiment ? dit le croque-mort. Pour un peu, ça ne vaudrait pas le coup de rentrer à la maison, hein ?

Que fait graver un fan de l'AS Saint-Étienne sur la pierre tombale de sa belle-mère récemment décédée ?

Allez les vers…

Les mariages sont
des funérailles
pendant lesquelles
le mort peut sentir
ses propres fleurs.

Une belle-fille félicite
sa belle-mère :
– C'est délicieux,
belle-maman, où avez-vous
trouvé cette recette ?
– Dans un roman
d'Agatha Christie !

Épitaphe

J'avais la priorité
à droite !

***

Épitaphe

Un dernier ver
pour la route ?

***

Épitaphe

Les voisins
sont très calmes.

– Est-ce qu'on vous a déjà fait des rayons X ? demande le docteur à une jeune blonde.
– Des rayons X, non, répond la fille. Mais ultra-violée, je l'ai déjà été plusieurs fois…

Un Chinois rencontre un ami et lui dit :

– Je vais à l'hôpital avec ma femme enceinte. Le docteur va enfin nous dire si c'est un garçon ou un avortement.

Quelle est la différence entre un pédophile et un baby-sitter ?

Le pédophile ne te demande pas d'argent pour s'occuper de tes gosses.

Une femme venant d'accoucher voit arriver son bébé dans les bras de la sage-femme, qui soudain le fait tomber par terre ! La mère hurle, lorsque la sage-femme donne au bébé un coup de pied et l'envoie valser contre le mur. Ensuite elle le prend par une de ses petites jambes et lui éclate la tête sur une table !
La mère, hystérique, hurle et pleure.
Et là, la sage-femme dit :
– Poisson d'avril, il était mort-né !

En 1994, au Rwanda, le chef des Hutus va voir le chef des Tutsis pour une ultime négociation et lui propose beaucoup d'argent pour quitter le pouvoir.
Celui-ci lui répond simplement :
– Désolé, mais personne ne machette !

Quel est le poids idéal d'une belle-mère ?

2 kg avec l'urne.

Quelle est la seule et unique différence entre un séducteur et un violeur ?

La patience…

[illegible]e garçon va voir
sa mère et lui dit :
– Maman, maman, papa s'est pendu dans le grenier !
La mère court au grenier et, s'apercevant qu'il n'y a rien, se prépare à engueuler son fils, mais celui-ci arrive et dit :
– Je rigole, il s'est pendu dans la cave !

Une femme va au restaurant avec ses deux enfants handicapés en fauteuil roulant. Ils s'installent. Le serveur arrive et demande à la femme :

– Vous avez choisi ?

– Oui, je vais prendre une entrecôte.

– Et pour les légumes ?

– Oh, ils prendront pareil.

On peut dire toutes
les méchancetés du monde
sur les pédophiles, mais
finalement ce sont bien les
seuls à rouler doucement
devant les écoles...

– Papa, papa, c'est quoi le masochisme ?
– Tais-toi et continue à fouetter !

Épitaphe

Je suis enfin guéri
de ma dépendance
à l'oxygène.

Un homme confie à un ami :
– Comme ma grand-mère a horreur des déménagements, nous cherchons une maison de retraite avec vue sur le cimetière.

aîtresse annonce
eunes élèves :
– Les enfants, n'oubliez pas, vendredi prochain c'est la journée des papas, chacun devra amener son père et le présenter à la classe…
Une petite fille lève sa main :
– Oui, Léa ?
– Mon papa ne viendra pas… snif… il est mort.
– Eh bien, tu auras zéro, qu'est-ce que tu veux que je te dise ?

– J'ai tout essayé pour que ma copine tombe enceinte, mais, là, ça a enfin marché : je lui ai fait un bon croche-pied dans l'escalier.

Le Père Noël part dans un petit village d'Afrique très, très pauvre. Il rencontre les enfants et constate qu'ils sont tous maigres.

Il demande alors au chef du village :

– Pourquoi ces enfants sont-ils aussi maigres ?

– Mais, Père Noël, c'est parce qu'ils ne mangent pas assez ! répond le chef.

– Ah, ils ne mangent pas ?!! Eh ben, pas de cadeaux !

Une vieille dame se rend
à la SPA et demande :
– Bonjour, je voudrais
un gros chat.
– Gros comment ?
– Oh, pour quatre personnes.

Un petit garçon demande
à son père :
– Papa, tu peux m'épeler
le mot « accident »,
s'il te plaît ?
– T.O.I.

Pourquoi les culs-de-jatte rêvent-ils de devenir propriétaires ?

Pour pouvoir enfin avoir un pied-à-terre !!!

Lorsqu'un homme
vient d'être embauché
aux pompes funèbres,
doit-il d'abord faire
une période décès ?

C'est une mauvaise idée
de demander à une femme
battue si son mari
est un bon coup.

Folle de joie, une femme
dit à son époux :
– Mon chéri, j'ai une bonne
et une mauvaise nouvelle…
– Oui ? !
– Je suis enceinte…
– Et la bonne ? répond
le mari, tu avortes ?

Un homme dit à un médecin :
– Docteur, débranchez le respirateur artificiel. C'est trop dur, j'ai perdu tout espoir !
– Mais monsieur, votre belle-mère est dans le coma depuis seulement cinq minutes…

Dans un bureau de tabac, une jeune fille achète un paquet de cigarettes et sort un billet de 100 euros.
La caissière l'examine et dit :
– Ce billet est faux, mademoiselle.
– Le salaud ! Mais… mais alors… c'était un viol !

Un médecin, la mine grave, annonce à son patient :

– J'ai une mauvaise nouvelle à vous annoncer, vous allez mourir…

– Mais il n'y a pas un médicament pour me soigner ?

– Prenez des bains de boue.

– Ça va me soigner ?

– Non, mais ça vous habituera à la terre !

M. et Mme Aigé auraient dû avoir un enfant. S'ils l'avaient eu, comment l'auraient-ils appelé ?

Yves (IVG).

Un pédophile et un jeune enfant se baladent dans la forêt. L'enfant dit :

– Tu sais, j'ai peur du noir…

Le pédophile lui répond :

– Oh, ne te plains pas, moi, je vais devoir rentrer tout seul… !

– Docteur, je suis inquiet. Votre diagnostic n'est pas le même que celui de votre confrère…

– Je sais, répond le docteur, c'est toujours la même chose, mais l'autopsie prouvera que j'avais raison !

Pourquoi le soleil est-il le contraire de la police ?

Parce que, lui, plus tu es clair, plus il tape.

ur de la rentrée, un
n arrive à l'école en larmes. La maîtresse s'approche de lui et lui demande :

– Qu'est-ce qu'il y a, mon petit ?

– OUIIN ! Ce matin maman est allée noyer les six petits chats qui viennent de naître !

– Oui, bien sûr, c'est triste, mais ce n'est pas une raison pour pleurer.

– Mais si, maman m'avait promis que c'est moi qui irai les noyer !

Un type arrive aux urgences après un accident de voiture. Quand il se réveille, le chirurgien est à son chevet et lui dit :
– J'ai deux nouvelles à vous annoncer. Je commence par la mauvaise : j'ai dû vous amputer des deux jambes.
– Et la bonne ?
– J'aime beaucoup vos chaussures, je vous en offre 300 euros.

Qu'est-ce qu'un bossu sans bras et sans jambes ?

Une madeleine !

Cher papa Noël,
J'aimerais un vélo, une console de jeu, une tablette, un train, un garage, un poney, un chien, un piano, et des Action Man.
Je t'aime.
Signé : Eusèbe

Cher Eusèbe,
Tu veux pas un chèque en plus, petit connard ! D'ailleurs, pour t'avoir collé un prénom aussi con, à mon avis tes parents ne t'aiment pas. Eh bien, moi non plus.
Signé : le Père Noël

Un soir, M. Martin et un ami rentrent à pied du pub. Il y a du brouillard, et manque de chance, une voiture sort de la route et vient faucher le pauvre M. Martin. Son ami se dirige alors vers son domicile pour annoncer la triste nouvelle à sa femme :

– Je suis bien chez Mme veuve Martin ?

– Vous êtes chez Mme Martin, mais pas veuve…

– COMBIEN VOUS PARIEZ ?

Pourquoi, lorsque le bateau coule, crie-t-on : « Les femmes et les enfants d'abord » ?

Parce qu'après les requins n'ont plus faim.

Au Texas, un condamné à mort est installé sur la chaise. On fait sortir le public et, au fur et à mesure que le bourreau tourne la manette, la lumière baisse dans la salle des visiteurs. Théoriquement, quand la lumière s'éteint, le type est mort.
D'un seul coup, c'est le noir complet, ce qui n'est pas normal ! Le bourreau râle, peste et tempête et passe dans la salle du supplice.

Quelques secondes après, on entend le condamné hurler comme une bête. Le prêtre se précipite et revient blanc comme un linge :

– Les salauds, les plombs ont sauté, ils le finissent à la bougie !

Pourquoi les paysannes ne portent-elles pas de culotte l'été ?

Pour ne pas avoir de mouches dans la figure !

***

Qu'est-ce qui a deux pattes et qui saigne ?

Un demi-chien.

Une belle-mère dit
à son gendre :
– Vous me ferez mourir
de chagrin.
– Tant mieux ! répond
le gendre. Comme ça,
on ne retrouvera pas l'arme
du crime !

– Moi, je voudrais mourir comme mon grand-père : il est mort pendant son sommeil, il n’a rien senti, ça, c’est une belle mort ! Mais je ne voudrais surtout pas mourir en paniquant, en gesticulant et en criant comme tous les autres qui étaient dans sa voiture…

Un petit garçon, avant d'aller dormir, dit à sa maman :

– Maman, pourquoi on vit à Fukushima ?

– Ferme tes trois yeux et dors !

Un jeune homme drague une blonde dans un bar.
Il la raccompagne chez elle.
Elle l'invite à entrer et très vite ils se retrouvent au lit.

– Je n'ai pas de préservatifs, dit l'homme.

– Ne t'inquiète pas, fait la blonde, je prends la pilule.
Et puis, j'ai tellement envie de toi.

Ils font l'amour passionnément et, une fois l'affaire terminée, le garçon dit :

Qu'est-ce qui a quatre pattes et un bras ?

Un pitbull dans un jardin d'enfants.

– Maman, maman,
grand-mère m'a mordu !
– C'est bien fait. Je t'avais bien dit de ne pas t'approcher de la cage.

**Que faire
lorsque l'on trouve
un épileptique
en pleine crise
dans une baignoire ?**

*Ajouter de la lessive
et y jeter son linge sale !*

Un homme meurt. Comme il avait décidé de se faire incinérer, on le place dans un cercueil et on le conduit au crématorium

Le cercueil brûle, mais pas le corps du bonhomme. On le met dans un autre cercueil et l'on recommence. Même chose, le cercueil brûle, mais pas le type. Dépitée, la veuve déclare :

– Ça ne m'étonne pas, ça fait trente ans qu'il prend des anti-inflammatoires.

Épitaphe

Souvenir de tes enfants
(sauf Marc
qui n'a rien donné).

Épitaphe

Non, je ne paierai
plus d'impôts.
Non, je ne paierai
plus de loyer.
Non, je ne paierai
plus d'amendes.
Non, je ne paierai
plus de crédits.
La mort, le pouvoir
de dire non.

Épitaphe

Je connaissais
le présent
sans avenir.
J'apprends maintenant
le passé
décomposé.

Quelle est la différence entre un meurtrier et un homme qui vient de faire l'amour ?

Aucune. Ils ne savent pas comment se débarrasser du corps.

Pourquoi les hérissons traversent-ils la route ?

Pour montrer ce qu'ils ont dans le ventre.

Un petit garçon, sans bras, est à la piscine avec sa classe. Quand le maître nageur demande qui sait nager, le petit répond :

– Moi, monsieur, moi, monsieur ! Je sais !

– Mais, mon petit, ne dis pas de bêtises, répond le maître nageur.

– Mais si, monsieur, je vous assure que je sais nager, insiste le petit.

Et le gamin saute dans l'eau pour prouver ses dires. Il arrive à nager et se débrouille même plutôt bien.

Lorsqu'il revient sur le bord de la piscine, le maître nag lui dit :
– Félicitations, petit, tu nages très bien ! Mais qui t'a appris à nager ?
– C'est mon papa, toutes les semaines, il m'amène à la mer et me jette dans l'eau, il faut que je revienne à la nage sur plus d'un kilomètre.
– Et ce n'est pas trop dur ?
– Non, le plus dur, c'est d'arriver à me détacher les jambes et à sortir du sac en plastique.

Un homme et une femme, âgés respectivement de 98 et 97 ans, sont devant le juge :
– Mais enfin, s'étonne le magistrat, divorcer, à votre âge ? Ça vous a pris comme ça ?
– Non, monsieur le juge. Nous y pensions depuis longtemps, mais nous avons préféré attendre que nos enfants soient tous morts.

– Aujourd'hui, j'ai perdu
mes trois enfants…
mon congélateur a lâché.

Une petite fille roule avec ses parents sur la route des vacances.
Au détour d'un virage, la voiture tombe dans un ravin et fait des tonneaux.
La petite fille s'en sort miraculeusement avant que la voiture ne prenne feu, et elle rejoint la route plus haut.
Un camion s'arrête et le chauffeur lui demande :
– Pourquoi pleures-tu et que fais-tu toute seule, ma petite ?

– J'ai eu un accident avec mes parents, sniff, pouvez-vous les aider, ils sont en bas dans le ravin ?
Tout en dégrafant son pantalon, le routier lui répond :
– TOI, T'AS VRAIMENT PAS DE CHANCE AUJOURD'HUI !!!

Une femme qui vient de perdre son mari dit en sanglotant aux croque-morts :

– Il aurait tellement voulu être enterré en smoking ! Lui qui n'en a jamais possédé, c'était son rêve. Mais nous sommes trop pauvres pour en acheter un…

Émus, les employés des pompes funèbres décident de faire quelque chose.

Et le lendemain, quand on sort son époux de la morgue,

la femme le découvre vêtu d'un magnifique smoking.

– Ah, mon Dieu ! Vous n'imaginez pas comme ça me touche. Combien je vous dois, messieurs ?

– Rien du tout ! Le hasard a fait qu'on avait un client qui était mort d'une crise cardiaque en sortant d'un gala en tenue de soirée…

– Oui, mais ça a dû vous donner beaucoup de travail…

– Mais non ! Pensez-vous ! On a juste changé les têtes !

Léon, 92 ans, Marinette, 90 ans, dorment ensemble. À 3 heures du matin, Léon a une érection phénoménale ! Il réveille sa femme et lui dit :

– Regarde, il faut faire quelque chose !

– T'as raison, profite qu'il n'y a pas de pli pour la laver…

Un homme se confie
à un ami :
– Ma copine trouve
que la fellation la rabaisse.
– Et tu as fait quoi ?
– Je lui ai proposé
de prendre une chaise.

Un homme rencontre le simplet du village, qui a un grand sourire aux lèvres.
– Alors, Bébert, pourquoi tu as l'air aussi heureux ?
– Eh bien, tu sais que j'habite près de la voie de chemin de fer. Cette nuit, en rentrant chez moi à pied, j'ai trouvé une nana ligotée sur les rails, comme dans les films !
– Non, tu rigoles ?
– Pas du tout, je suis très sérieux, je l'ai détachée et je l'ai emmenée à la maison et… bref, on a baisé toute

la nuit, en levrette, position du missionnaire, dessus, dessous, devant, derrière… C'était trop !!!

– T'en as du bol, et dis voir… elle t'a taillé une pipe ?

– Ben non, j'ai pas retrouvé la tête…

etit garçon pleure
au pied d'un immeuble
de quinze étages.
Un ivrogne s'approche
de lui et lui demande :
– Pourquoi pleures-tu,
mon petit ?
– Mon papa, il a sauté
de l'immeuble, et puis
maintenant il est au ciel…
L'homme réfléchit
un moment et dit :
– Waouh, putain !
Quel rebond !

Deux Belges discutent :
– J'ai été marié trois fois.
– Des enfants ?
– Non, non ! Toujours avec des adultes !

Un homme est devant sa télévision et contrôle le ticket d'Euromillion qu'il a joué le matin même.
Ses six numéros sortent !
Bingo ! Fou de joie, il hurle par la fenêtre à son épouse, qui se trouve de l'autre côté de la route :
– Chérie, dépêche-toi, viens vite, nous avons gagné la super-cagnotte !
La femme saute de joie et traverse la route.
Un camion arrive et l'écrase…

Le mari dit alors :
– Oh, putain !!! Quand une journée est bonne, elle est bonne…

Que faisaient les parents du petit Ray Charles pour le punir quand il n'était pas sage ?

Ils changeaient les meubles de place.

Un mari et sa femme ont une querelle le jour de leur quarantième anniversaire de mariage.

– Quand tu mourras, je mettrai sur ta pierre tombale : « Ici repose ma femme – enfin froide. »

– Ah oui ? dit-elle, quand tu mourras, je mettrai sur la tienne : « Ici repose mon mari – enfin raide. »

Comment sait-on qu'un lépreux doit quitter une partie de poker ?

Quand il perd la main.

– Maman, maman !
Pourquoi est-ce qu'on pousse la voiture dans le ravin ?
– Tais-toi, tu vas réveiller ton père !

– Papa, papa, pourquoi maman court en zigzag et qu'elle crie comme une folle ?

– Tais-toi et donne-moi une autre boîte de cartouches…

Un homme arrive en courant près d'un pêcheur et lui demande :
– Vous n'auriez pas vu passer une femme blonde avec une jupe à pois verts ?
– Si, si, ça fait pas dix minutes.
– Bon, je vais certainement pouvoir la rattraper.
– Oh, oui. Le courant n'est pas bien fort dans le coin.

Une petite fille demande à sa maman :

– Maman, maman ! Est-ce que je peux tomber enceinte ?

– Bien sûr que non, ma chérie, tu n'as que 12 ans.

– C'est bon, les mecs, vous pouvez remettre ça…

Un père appelle son petit pour aller faire des courses. Une fois dans le centre commercial, il lui demande ce qui lui ferait plaisir. Le fils répond :

– Pourquoi est-ce que tu m'offres un cadeau, mon anniversaire est déjà passé !

– Mais c'est pour Noël, répond le père.

– Mais Noël, c'est dans six mois, papa !

– Mais tu crois que ta maladie, elle va attendre, chéri ?

Une jeune maman téléphone à son pédiatre :

– Docteur, j'ai acheté le livre que vous m'avez conseillé. Il est indiqué page 46 : « Quand bébé a fini son biberon, lavez-le à l'eau bouillante et nettoyez l'intérieur avec un goupillon. »

– Oui, et alors ?

– Alors… Mon bébé n'apprécie pas du tout ce traitement !

Un juge demande à l'accusé :
– Vous n'avez rien ressenti, lorsque vous avez coupé votre femme en morceaux avant de la mettre à cuire ?
– Si, monsieur le juge, à un moment je me suis mis à pleurer.
– Ah, quand même ! Et à quel moment ?
– Quand j'ai coupé les oignons !

– Maman, maman, je ne veux plus dormir avec mon petit frère.
– Tais-toi ! Je t'ai déjà dit qu'on n'avait pas assez d'argent pour l'enterrer.

– Papa, papa, c'est quoi un travesti ?
– Tais-toi et dégrafe mon soutien-gorge. Et puis cesse de m'appeler papa, tu sais que ça m'énerve.

Une femme se plaint
à une amie :
– Mon fils vient de se faire exclure de son collège parce qu'il a électrocuté son prof.
– Pourquoi il a fait ça ?
– C'est la faute de son prof, il lui répétait sans cesse : « Je veux de la tension » !

Quel est le conte préféré des zoophiles ?

L'étroit petit cochon.

– J'ai bien essayé de noyer mes problèmes dans l'alcool, malheureusement mes enfants savent nager.

Pourquoi les écologistes aiment-ils les lépreux ?

Parce qu'ils sont biodégradables !

***

Combien de bébés faut-il pour repeindre un mur ?

Un seul, si on le lance assez fort.

Un homme se confie
à sa femme :
– Quand je vais mourir,
je veux que tu me fasses
incinérer.
– Lucien, c'est bien toi, ça,
toujours le genre à laisser
de la cendre partout.

– Mon père, vous le savez, je suis un chrétien exemplaire. Je ne bois pas, je ne vais jamais au café. Je ne trompe pas ma femme, je ne regarde même pas les autres femmes. Je ne sors jamais le soir, je me couche tôt tous les jours.
– C'est bien, mon fils, mais ça risque de changer quand vous serez libéré… répond l'aumônier de la prison.

Deux amis discutent :
– Moi, j'aime tellement ma belle-mère que pour son anniversaire je lui ai donné un terrain près de l'église…
– Un terrain comment ? lui demande son ami.
– Oh, il n'est ni long ni large, mais il fait au moins 3 mètres de profondeur.

Un juge s'adresse solennellement à un homme accusé d'avoir tué son père et sa mère :

– Avant que je rende mon verdict, qu'avez-vous à dire pour votre défense ?

– Monsieur le juge, vous n'allez tout de même pas condamner un pauvre orphelin ?

Un notaire lit le testament d'un riche industriel venant de décéder :
« À ma chère femme, qui m'a toujours soutenu pendant les moments difficiles aussi bien qu'accompagné dans mes moments de bonheur, je lègue l'hôtel particulier dans le XVIe arrondissement parisien ainsi que la somme de dix millions d'euros.
À ma chère fille, qui s'est occupée de mes affaires quand je ne pouvais plus,

le yacht, mes parts dans notre compagnie et cinq millions d'euros.
Et pour mon cousin Michel, qui me haïssait et croyait que je ne penserais pas à lui dans mon testament… tu avais tort : "Salut Michel !" »

Un homme, qui a essayé de se suicider par pendaison, va trouver le curé de sa paroisse pour se confesser :

– Pardonnez-moi, mon père, car j'ai péché.

– Qu'as-tu fait, mon fils ? demande le curé !

– J'ai essayé de me suicider !

Après quelques recommandations, le curé lui dit :

– Mon fils, lis la Bible et tu y trouveras de bons conseils.

Le malheureux arrive chez lui, prend sa bible et tombe sur un passage où il est écrit : « Va et repends-toi... »

« Je veux être incinéré
et je veux que 10 %
de mes cendres
soient versées à mon
imprésario,
comme il est écrit
dans mon contrat. »

GROUCHO MARX

« S'il n'y avait pas la science,
combien d'entre nous
pourraient profiter
de leur cancer
pendant plus de cinq ans ? »

Pierre Desproges

*« Je préfère l'incinération
à l'enterrement
et les deux à un week-end
avec ma femme. »*

Woody Alllen

« Lorsque les trains déraillent, ce qui me fait de la peine, ce sont les morts de première classe. »

SALVADOR DALI

*« Il n'y a pas
de bonheur parfait !
dit l'homme quand
sa belle-mère mourut
et qu'on lui présenta
la note des pompes
funèbres. »*

Jerome K. Jerome

*« Un journal
coupé en morceaux
n'intéresse aucune femme,
alors qu'une femme
coupée en morceaux
intéresse tous les journaux. »*

TRISTAN BERNARD

Un petit garçon dit
à sa mère :
– Maman, je ne veux plus
de mon steak haché.
Sa mère répond :
– Tu manges !!!
Ça t'apprendra à mettre
ta main dans le hachoir.

Une bourgeoise rentre chez elle et dit à son mari :

– Chéri ! il va falloir renvoyer le chauffeur, ça fait deux fois qu'il essaye de me tuer !!!

– Laisse-lui encore une chance ! répond son mari.

« Noël au scanner,
Pâques au cimetière. »

PIERRE DESPROGES

Quel est l'endroit le plus calme du monde ?

Le service des réclamations d'un club de saut à l'élastique.

– Allô, les pompiers ? dit une voix véritablement affolée. Venez vite, notre petit Kévin vient d'avaler le bouton du presse-purée, il est tout bleu et ne respire plus !
Les pompiers s'apprêtent à partir pour porter secours à la victime lorsque leur téléphone sonne à nouveau.
– Allô, dit la même voix. Finalement, ce n'est pas la peine de vous déranger. On va faire des pâtes.

Pourquoi Jésus n'a-t-il jamais joué au foot ?

Parce qu'il était toujours suspendu.

Le problème
avec le voile intégral,
c'est de ne pas savoir
si une femme est niqab
ou pas !

Un de ses amis demande à un député nommé Jean-Pierre Rare :

– Dis-moi, le jour où tu disparaîtras, quelle inscription souhaiterais-tu sur ta tombe ?

– Comme épitaphe, j'aimerais qu'il soit inscrit sur ma tombe : « Ci-gît un politicien honnête », rien de plus.

– Mais, rétorque son ami, s'il n'y a pas de nom, personne ne saura qu'il s'agit de toi.

– Bien sûr que si. Les gens qui liront ça diront : « C'est rare ! »

Un homme très malade se rend à l'hôpital. Après une multitude de tests, le médecin lui dit :
– J'ai des mauvaises nouvelles pour vous… Vous avez la syphilis, la lèpre et le sida !
Le malade est effondré :
– Oh, mon Dieu, et qu'est-ce que vous pouvez faire ?
– Pas grand-chose malheureusement. Vous devrez rester à l'hôpital

et on vous prescrira un régime alimentaire à base de crêpes, de soles et de pizzas.

– Est-ce que tout ça va me sauver ?

– Non, répond le médecin, mais en tout cas ce sont des aliments qu'on peut facilement glisser sous la porte.

Une femme vient d'accoucher. Son mari se précipite pour voir son bébé, mais le médecin l'arrête :

– Écoutez, monsieur, il y a un petit problème.

– Qu'y a-t-il ? s'exclame le mari paniqué.

– Voilà… Votre enfant n'a pas de jambes…

– Bon, ça ne fait rien, je l'aimerai quand même.

– C'est que… ce n'est pas tout…

– Quoi ?

– Ben… il n'a pas de bras non plus…
– Bon, répond l'homme, de plus en plus blême. Ça ne fait rien, je l'aimerai quand même.
– Autant tout vous dire tout de suite… Il n'a ni torse ni abdomen…
– Mon enfant n'est donc qu'une tête ?
– Eh bien… même pas… c'est une oreille… La voici ! Le docteur montre l'oreille emmitouflée au papa. L'homme se met à pleurer,

berce l'oreille et lui chuchote
entre deux sanglots :
– Ce n'est rien, mon enfant,
nous serons heureux,
tu verras…
– Parlez plus fort,
dit le docteur, il est
complètement sourd…

Deux policiers trouvent
un cadavre devant un lycée.
Le premier demande
à l'autre :
– Dis donc, comment tu écris
« lycée » ? Avec un *i*
ou un *y* ?
L'autre réfléchit un instant,
puis répond :
– Traînons-le devant la poste.

Une famille de psychopathes part en vacances de neige. Au volant, le père aperçoit un petit chien au milieu de la route et crie à l'attention de tous les passagers :
– Regardez, les enfants, on va bien s'amuser !
Il accélère brusquement et heurte le pauvre animal ! Applaudissements dans la voiture !
À la sortie de l'autoroute, il distingue une petite vieille qui traverse lentement à pied. Sa femme lui suggère :

– Allez, vas-y, ça ferait tellement plaisir aux enfants.
Le père appuie sur le champignon et percute la dame. Tout le monde applaudit dans le véhicule.
Ils arrivent en montagne, la voiture emprunte une route sinueuse. Le fils chuchote à l'oreille de son père :
– Et si tu balançais maman par la portière…
Ricanant, le père ouvre immédiatement la portière et pousse son épouse dans le ravin. Son fils éclate de

nais sa petite fille
e en sanglots. Mesurant la gravité de la situation, il freine brutalement. Alors, il se retourne vers sa petite fille et l'entend dire en pleurnichant :

– C'est pas juste ! Je l'ai pas vue tombe r…

Une dame se penche du haut de la tour Eiffel et demande au gardien :
– Les gens se jettent-ils souvent d'en haut ?
Et le gardien répond :
– Oh ! non, madame, une seule fois !

Un homme rentre dans un bistrot, tout égratigné sur la figure, sur les bras, les jambes. Un de ses amis lui demande ce qui lui est arrivé.

– M'en parle pas, répond l'homme, je viens d'enterrer ma belle-mère !

– Quel est le rapport avec tes égratignures ? demande son ami.

– Mais c'est qu'elle ne voulait pas !

Un fils demande à sa mère :
– Maman, maman, je peux jouer avec le petit chiot ?
– D'accord, mais quand tu as fini, tu remets tous les os en place dans la poubelle.

maîtresse d'école
ande aux enfants de se présenter.

– Martin, qu'est-ce qu'elle fait ta maman ?

– Ma maman, elle est infirmière.

– Très bien. Et toi, Kevin, que fait ta maman ?

– Ma maman, elle est morte.

– Oh, pardon, Kevin, mais je… je voulais dire, que faisait-elle avant ?

– Avant, elle faisait AAR… ARHHH ARGGHH.

Que ferait Jean-Paul II s'il était toujours vivant aujourd'hui ?

Il gratterait le couvercle de son cercueil avec ses ongles.